Racimo de emociones

Alba Herrera

ISBN-13: 978-1-63065-152-7

PUKIYARI EDITORES
www.pukiyari.com

Índice

Dedicatoria y homenaje póstumo

Primero, quiero agradecer a Dios por darme la oportunidad de hacer catarsis por medio de las letras. En segundo lugar, quiero agradecer a mis padres por la vida que me dieron.

Este *Racimo de Emociones*, lo dedico a cuatro personas que han dejado huellas indelebles en mi tabernáculo físico.

Una de ellas es mi madre, la que me bañó de amor inmarcesible, aunque olvidó vestirme de desprendimiento, pues no me acostumbro a su ausencia. Ella partió el cinco de noviembre del dos mil veinte, después de haber padecido por dieciséis años las secuelas de un derrame cerebral y el Alzheimer.

Veintidós días después, tomó la maleta mi padre y transcendió, habiendo sido invadido por el coronavirus. Fue devastador, pues solamente lo padeció cinco días y parecía ir mejorando. Lo que me alegra es saber que se fue de la forma que deseó siempre: rodeado de su hermosa familia, siendo acariciado por su nieto Eder, atendido por mis hermanos: Ana Rubídia, Olga Sonia, Geofredo, y por sus yernos, nueras y nietos.

Él me heredó el placer de leer, las virtudes del liderazgo y la valentía, el carácter bromista, y el gusto por algunos juegos. Sobre todo, me mostró el camino celestial.

Algunos de esos vestidos no me quedan bien, pero pido al Sastre de sastres me los ajuste, para lucirlos en la pasarela de la vida.

Al mes y fracción, mi hermano Wilfredo, quien estaba también hospitalizado por el virus, voló. Sentí que me hundía en un abismo, pero Dios vino al rescate…

Hace cuatro años también dejó este terruño un sobrino muy amado: Jimmy (Jimbo). A muy temprana edad se nos adelantó. Él me impregnó de su sonrisa, aquella que nunca decoloró aunque atravesara adversidad. Espero venga de nuevo, toque la puerta y me diga: «¿Cómo está tía?» con su sonrisa bien pintada. También recuerdo su frase favorita: *"No juzgues para que no seas juzgado"*. Tenía mucha razón, porque en esta tierra hay muchos jueces sin diploma.

Quiero agradecer a mi hermano Óscar, por haber dedicado mucho de su tiempo a compartir y ayudar a mi padre. Igualmente, a su esposa Mary y a sus hijos. A Geofredo, su esposa Cristabel e hijas.

A mis hermanas, Olga y Ana, con sus familias, por la entrega y dedicación con mi madre.

A mis hermanos que radican en Texas: Erodíta, Sixto, Emigdio, Edil, y Wilfredo, con sus respectivas familias.

A toda la familia Rivera Nolasco con sus ramificaciones, Gracias. Un día volveremos a estar en el mismo árbol.

Alba Herrera

Wilfredo, hermano querido

Tú vienes al mundo en una barca
en tiempos turbulentos.
A esa barca la equipas de una proa divina,
la que se encarga de ir apartando y cortando
todo viento impetuoso y turbulento mar.
A la barca suben personas
a las que tú separas y asignas trabajos específicos.
Al lado izquierdo colocas a las personas
que tú llamas babor,
los vistes de rojo y sabes que estos ayudan,
pero debes tener precaución.
Al lado derecho colocas a los que llamas estribor,
con ellos cuentas en cualquier dificultad.
También te armaste de dos aletas
que forjaste de la mejor madera,
estas son las que soportan cualquier inclemencia
y también son balance para la nave.
En la popa colocaste a tus maestros, tutores, ancianos, para calmar
e instruir a la tripulación.
Así navegaste bastante bien por medio siglo.
Hasta que en noviembre tu embarcación fue asaltada
por un pirata viral, el cual no quedó satisfecho
hasta que te asfixió el siete de enero e hizo que tu nave naufragara.
Tú decidiste tomar un vuelo a la eternidad.
Ahora te extrañamos, pero nos consuela saber que en tu travesía
fuiste esparciendo una semilla muy especial y alimentaste los
peces de tu canal.

¡Gracias, hermano!
Un día espero otra vez estrechar tu mano…

Se desajustó el reloj

El reloj estuvo completo por mucho tiempo.
El cinco de noviembre se dañó la batería.
Cuando pusimos una nueva, se había desteñido
la hora del amor (las 12), quedó trabajando lento.

El veintisiete del mismo mes se detuvo
nuevamente, se esfumó la hora once,
era la hora de la valentía, liderazgo,
responsabilidad, legado espiritual y más.
.

El siete de enero, se resquebrajó
una hora joven (las 7), era la hora de la lucha,
el evangelismo, la bondad y entrega.
La hora de nombre Wilfredo.
¡Gracias, hermano! Tus obras contigo viven.

Sabemos que hoy gozas con las otras
dos horas, a quienes llamábamos papá y mamá.
Sorpresa fue encontrar que el reloj tenía
cuatro horas más, así que hoy son siete en el reloj espiritual.
Y nuestra esperanza es que en el futuro
lo completaremos con alegría:
y ese reloj vivirá sin daño por la eternidad.

La luna llora

La luna llora oscuridad,
el reloj se derrite de dolor,
el sol se coloreó de tristeza,
los hombros se desvanecen de cansancio,
los pies tienen zapatos de plomo.

La serotonina no quiere bailar,
la melatonina se fue del país,
el silencio pelea con los recuerdos,
el pasado quiere llevárselo a vivir con él.

La casa desordenada, no hay cocinera,
a la ropa sucia le amputaron los pies,
no puede llegar hasta la callada lavadora:

¿Qué voy a hacer sin ustedes tres? ¿Qué?

Insomnio desértico

Les cuento que hoy duermo
con la soledad por cobija,
la noche es como un monstruo que me atormenta,
le tengo miedo al silencio del norte, del sur, del este,
del oeste, porque es ahí donde aparece vuestra esencia.
Me doblego como junco, pero sigo de pie.
Aún con los sueños rotos,
he perdido la magia de la vida.
Me apuñala la nostalgia,
la locura me amenaza.
Quisiera que mi sombra se extinguiera.

Los extraño, mamá, papá y hermano.

Flotador

El pañuelo fue la almohada
para el llanto tenebroso
que vivo por el duelo
de tres seres amados.

Es el libro de los Salmos
un flotador real que me mantiene a salvo
en este inmenso y doloroso mar.

Son el lápiz y un cuaderno
quienes pagan la pena
de los días sin sabores
de los que deseo ser liberada,
y terminar tan dura pena.

Unos libros de poesía
también me liberan de la agonía
que me causa la partida de los tres
pétalos esfumados.

Salir a marchar me hace alejar
un poco de ese oscuro momento
que roba la tranquilidad.
Lo que se manifiesta como oasis
en ese sendero sediento.
Es la oración, esta me calma
el acelerado latido por el llanto y el dolor,
y de vez en cuando logra hacerme cantar.

Me aferro a imaginar el gran sacrificio
de Cristo en la cruz; ahora puedo
saborear su pesada y espinosa
travesía y así entiendo un poco la agonía divina.

Tu partida

Tu partida me clava una estocada en el corazón,
me inunda de rabia las venas,
me enfría la mirada,
me opaca la loca esperanza,
me corta los suspiros del alba
y en un charco de sangre hace reposar mi alma.
Lo peor es que la distancia que nos separa
está tejida de saetas y espinas.
No puedo visitarte.
Espérame en un vuelo que un día nos unirá,
de nuevo, papá.

El tren de la muerte

Como Bella Durmiente me encuentro
bajo los rieles de la alegría.
De repente veo pasar el tren desolador,
llevándose tres laureles de mi vida.
No me percaté de su venida,
le hubiese puesto obstáculos para descarrilarlo.
Ya que eso no fue posible,
lo que sí puedo hacer ahora,
es divisar en el cielo tres luminarias mayores
que brillan más bellas que nunca
y sonreír porque sé que es la esencia de ellos
lo que las impulsa.
¡Gracias Dios por haberles tenido y amado!
Ahora mi trabajo es ir tras sus huellas
y un día reencontrarnos.
Espero ese tren.

Oscuro día

Oscuro día donde se escurre lo blanco
por los dedos del alma al verme abandonada
por tres seres amados, tres horas desaparecieron
sin decirme adiós: ahora las extraño.
Primero se le cayeron los pétalos a la rosa
que en el reloj floral marcaba las doce,
ella era la hora de la ternura, amor y comprensión.
Su color fue imitado por la hora once,
la hora de la valentía, zapatos espirituales,
la alegría y palabras que te hacían
razonar, pues siempre con un objetivo
que te motivaba a pensar.
El día menos esperado
desapareció la hora séptima, era un retoño
en todo su esplendor, estoy segura
que por su obediencia y buenas obras
hoy gozan con el Señor.

Las mujeres son poesía

Todas las mujeres son poesía.
Ellas son metáfora:
dicen las cosas con sutileza.
Al no ser entendidas,
se vuelven simples y, a veces, ásperas.

Ellas son aliteración:
silban, suenan como tambores, gritan, gruñen…
Al no ser escuchadas,
rayan el disco y desentonan las canciones.

Ellas son anáfora:
repiten y repiten con pasión los anhelos de su corazón.
Al no ser entendidas,
se convierten en monotonía.
Bueno, eso dice tía María.

Ellas son símil:
dicen una cosa comparándola con otra,
para presentarlas con delicadeza.
Al no ser escuchadas,
deciden ser burdas, no quieren ser dominadas.

Ellas son hipérbole:
exageran al elogiar a su amado
y se disminuyen exageradamente
para quedar bien. Cuando no son correspondidas,
vuelven a la realidad y hablan con simplicidad.

Ellas son prosopopeya:
hablan por horas, días, meses, años
con sus seres amados.
Al no tener eco, hablan con la luna, el sol,
árboles, abejas, osos, gallinas…

Ellas son epíteto:
adornan con preciosos adjetivos a los que les rodean
y, a veces, reciben despectivos vituperios
como respuestas.
Se transforman en ramas mudas.

Ellas son alegoría:
a veces al escucharlas algunos
pueden pensar que deliran
porque no entienden la sucesión de metáforas
y todo es para ser elegantes y profundas al hablar.

Ellas son ironía:
se expresan con lo opuesto
para no ser descubiertas al dar órdenes
o pedir algo, pero la verdad la mayoría
de veces no son entendidas, y se frustran.

Ellas son paradoja:
tal pareciera que se contradicen,
mas no saben que lo hacen
por conocimiento del idioma
y sus receptores no pueden leer entre líneas.

Ellas son oxímoron:
Contradicen, hablan irónicamente
y echan mano de las incoherencias
para llamar la atención.
Lo que logran es que las etiqueten de locas.

Como pueden observar,
todas tienen una figura increíble,
son profundas, talentosas, comunicativas,
saben hilar las conductas.
La mayoría no florecen porque
se acompañan de MALOS ESCRITORES.

Carreteras de alegría

Quiero que la alegría construya mis carreteras,
el amor confeccione mis blusas,
la paz me regale las faldas
y los zapatos tengan suela de felicidad.

Quiero que la oración borre mis lágrimas,
que los salmos sacien mi sed,
que la meditación oxigene mi alma.

Quiero que la luna ilumine mi camino,
que el sol me vuelva a calentar,
que las estrellas brillen nuevamente.

¡Oh, Dios! Solamente Tú puedes contestarme.
Estaré esperando que lentamente
uno a uno venga a bailar en mi camino
y yo vuelva a funcionar.

Plantar

No permitas que pavimente mis buenas intenciones,
mejor ayúdame a plantar las obras
de cada buen pensamiento.
Ayúdame a decolorar los malos propósitos,
ponme uno bueno en cada minuto de mi reloj.

Ayúdame a no buscar perfección en el mar
sino en ti, Padre, pues siempre tienes
en tu mano un borrador misericordioso.

Ayúdame a transitar con alegría los senderos
aunque sean sinuosos.
Quiero ver la vida con dulzura
y evadir con elegancia los cardos del camino.

Cabalgata

Cabalga la noche
sobre mi alma desgarrada
y esparce luces negras
que no puedo detener.

Cabalga la noche
sobre la hoguera de mi soledad,
me despierta solamente
para hacerme comer
tristeza y nostalgia.

Cabalga la noche
sobre mis sentimientos.
Grito SOS con letras intermitentes y altavoz,
nadie me escucha.

Ni los pájaros nocturnos me visitan
sé que un día volveré a tener alas
y volaré alto como las águilas,
daré gracias por haber atravesado el huracán,
todo será por el amor inmensurable del CREADOR.

Viento angustioso

Un viento angustioso me invade
y desgaja las alas del espíritu
al saber que no volveré a verlos.

Un viento angustioso arrastra
y se roba mis nubes de esperanza
para convertirlas en tormentas, huracanes
y tornados que deshacen todos mis anhelos.

Un viento angustioso se llevó toda la alegría y la paz.
Ahora vivo en la puerta de mi casa
esperando que el viento vuelva con lo que me robó.
Hasta hoy no aparece.

Hoy me la paso apreciando el cielo
para ver la luna sonreír,
donde las nubes puedan dibujar
las hermosas caras de mamá, papá y Wilfredo.

Dos jardineros

Hay dos preciosos jardineros
que con mucho amor y dedicación plantaron un jardín.
En él sembraron siete rosas, siete claveles.

Como pueden ver, son muy equitativos.
Un clavel fue arrancado del jardín a los cinco años
de nacido, él tenía esencia musical extraordinaria.

Tres rosas también se convirtieron
en fragancia en sus primeros días
y los jardineros llevaron esa pena todo el tiempo.

Ellos continuaron regando con gran
ahínco el jardín, este creció y resplandeció
por mucho tiempo sin ser podado.
En noviembre del 2020 los jardineros
decidieron ascender y se convirtieron
en estrellas. Un clavel que les amaba mucho,
también decidió seguir sus pasos.
Ahora brillan juntos en el jardín espiritual.
El jardín terrenal se ha marchitado
y disminuido, quedan cinco claveles
y cuatro rosas. Vean, casi se empata
pero con menos plantitas.
Nuestro trabajo es abonar el jardín.
Así, cuando venga la primavera
resplandecerá y florecerá nuevamente.
El jardín celestial hoy cuenta con siete
plantas y el terrenal con nueve.

El trabajo del jardín terrenal,
es cuidar y seguir los pasos de los jardineros.
Así un día volveremos a estar juntos,
dando esencia y aroma Rivera, Nolasco
por la eternidad.

Huracán descoronado

Cuando el huracán socave
veremos todo lo destruido.
No tardará mucho tiempo
y empezará de nuevo el vital ruido.
Comenzarán a nadar los peces,
a bailar los ríos, a cantar los árboles,
y dará indicios de vida mi espíritu.
Los negocios abrirán,
volverán a brindar las copas de vino,
regresarán a las cárceles los que no entendieron
el mensaje divino.
Las cicatrices quedarán perpetuas
en aquellos que perdimos a nuestros seres queridos.
Con mucho respeto honraremos
su transitar en este sinuoso camino.
Volveremos a funcionar con agonía por lo vivido
se habrá aligerado el mundo,
a nosotros nos quedará el vacío,
aun así trabajaremos hasta volar
para estar de nuevo con los que han partido.

Dieciséis nudos

Dieciséis nudos contienen tu angustia,
cada uno fue consumiendo tu savia
hasta dejar las raíces al aire.

Dieciséis nudos donde se anidó
alguien que te derramó el cerebro,
también se acomodó un señor alemán
de apellido Alzheimer y un cañaveral
que usó su trapiche para convertir
en dulzura tu torrente.

Dieciséis nudos que se fueron soltando
lentamente. Cada vez que se desataba
uno, como efecto dominó disminuía
también mi espíritu.

Dieciséis nudos de dolor que decidiste
atravesar para entrenarme a soportar
el día de tu vuelo.
Ahora solamente doy gracias a Dios
por las ramas y los frutos,
con ellos te mantendré viva.
Pues te prometo reverdecer la clorofila.

Clavamos a Jesús

Continuamos clavando a Jesús
cuando al prójimo ofendemos
y un pan le negamos.

Continuamos clavando a Jesús
al desamparar a la viuda
y olvidar al enfermo.

Continuamos clavando a Jesús
al no tenderle una mano
al amigo para sacarlo del abismo
y no ofrecerle zapatos
para continuar el camino.

Continuamos clavando a Jesús
al no vestir al desnudo
y rescatar al perdido.
También por la indolencia
mostrada al transeúnte sufrido.

Rompo el espejo

Al romper mi espejo,
puedo anidar mi alma,
explorar mi espíritu
y velar mi cuerpo.

Puedo penetrar el corazón de María,
la que pide en la esquina de mi colegio.
Puedo ponerme la sandalia de Martita,
llorando por la ausencia de su hijo.
Puedo entender a Juanita,
al quedar embarazada en la adolescencia.
Puedo secar las lágrimas de Matilde y hacerla reír,
después de ser abandonada.
Puedo tocar la cama fría de Flor,
la que ha perdido los pétalos por un cáncer terminal.
Puedo escuchar los gritos de auxilio de Roxana,
la huérfana.
Puedo acompañar a la anciana Valencia,
vestida de tristeza y soledad,
porque sus retoños se han olvidado de ella.
Puedo ver la blusa roja y negra de Teresa,
por haber sido abusada en el hogar.
Puedo tender la mano y levantar al minusválido.

Puedo… Puedo…
mudarme a la ciudad de la empatía
envuelta de amor.

Lágrimas enredadas

Se enreda el viento
en las lágrimas colgantes de mi alma,
haciendo torbellinos
con mis gritos de auxilio.
Estos no tienen eco,
me encuentro en medio del desierto.

Mi deseo es que los torbellinos,
se muden a lugares caudalosos y verdes pastizales,
que allí caigan y formen un gran jardín con flores
y su aroma despida valentía.

Descubre tu postura

Si lo haces de pie, fortaleces las piernas,
hacia abajo, estimulas el sistema nervioso,
hacia arriba es genial,
en grupo es un deleite,
hacerlo a menudo te renueva,
dos es mejor, hincado es doloroso,
a la orilla del río te relaja,
en el bosque es más saludable,
en el baño muy pocos lo hacen.

Ya sea en el bosque, el río, el baño,
solo o acompañado, meditar siempre te mejora.
Así que promueve la meditación,
es buena para la salud.

Mundo soñado

Deseo vivir en un mundo
donde se despilfarre la alegría,
se derroche la paz, haya espesura de bondad,
ríos de benignidad, lagos de gozo,
tiendas de paciencia, océanos de amor,
corrientes de caridad, lagunas de templanza,
un mundo donde teoría no exista,
las acciones bailen y quiero nunca despertar.

Mi diccionario

Eres mi diccionario y en cada página encuentro
bellas líneas que desgajan deliciosas fragancias,
cobijando mi cuerpo y alma.

En la página de la "A" se dibujan tus brazos ABRAZÁNDOME
con hojas de amor.

"B", con esta BESAS la esencia de mi ser.

En la "C" aparece tu CORAZÓN rebosando alegría,
con ella me arropas.

"D", con esta me DUCHAS de DULZURA, la que debo imitar.

Con la "E" apareces como una ESTRELLA, iluminando mi
camino.

En la "F" se me aparece una mujer FUERTE y FRÁGIL, frágil
ante mis peticiones y fuerte ante las adversidades que te tiende la
vida.

En la página de la "G" te veo GOZANDO y esparciendo espigas
de felicidad.

En la muda letra "H" te veo haciéndola hablar,
HOSPEDANDO al desamparado,
alimentando al HAMBRIENTO,
también vistiendo al HUMANO.

En la página de la "I" puedo percibir tu INTELIGENCIA por todos los lugares que transitas, espero recoger mucha para hacer grandes obras como tú.

En la página de la "J" veo una JIRAFA cortando los mejores cogollos para alimentar a los suyos.

En la "K" te veo recorriendo KILÓMETROS en busca de seguridad para tus hijos, así nos libraste de la jaula oscura.

En la página de la "L" veo las LÁGRIMAS correr por tus mejillas, pero con ellas limpias nuestras manchas.

En la "M" encuentro la palabra que más resalta en el libro, esa es MAMÁ. Te cuento que es la palabra más bonita en el diccionario de la vida. Quiero agradecerte con todo mi corazón y mente por haber llenado de amor, ternura y comprensión cada letra de esa palabra.

En la página de la "N" descubro tu NOBLE y gran corazón, espero obtengas una gran recompensa por ello.

La letra "Ñ" la encontré en medio de tu ser, pues te AÑORO y extraño cada milésima de segundo,
mi esperanza reposa en que un día volveremos a estar juntas.

En la letra "O" te veo esquivando OBSTÁCULOS
como la mejor campeona de la vida.

En la página de la "P" encontré a la señora PRUDENCIA en pleno día. De tal manera que cuando crecía pensaba que el mundo era color rosa.

En la "Q" apareces como QUITAMANCHAS Y QUITA PENAS de tus descendientes y de tu prójimo, por ello te diste a conocer y dejaste huella al andar.

En la "R" aparece una REINA en toda la extensión de la palabra. Te hiciste acompañar del mejor REY de esta tierra. Él es el REY celestial. A tus príncipes y princesas las hiciste sentar en las mejores sillas de la comarca. También procuraste armar con educación a tus herederos, gracias mi REINA preferida.

En la "S" encuentro a la tranquila SOBRIEDAD, la que te acompaña día y noche, en el calor o en el frío, en lo oscuro o claro, en el norte en el sur, en el este y oeste... espero impregnarme un poco de ella.

En la letra "T" encuentro que la TERNURA fue tu jabón y nos frotaste con él de pie a cabeza. De tal manera que hoy lo extrañamos.

En la página de la "U" encuentro una casa pintada del color UNIDAD. Este color lo propagaste muy bien. Te cuento, mami, que a pesar de las espinas estamos unidos.

En la "V" encuentro a una preciosa y muy VALIENTE dama, y esto lo demostraste en innumerables ocasiones y trataste de transmitírnosla, pero esa diadema nos queda muy grande.

En la página de la "W" no encontré nada, es la única letra vacía y todo porque no usas la web ni tomas *whisky*, no te contaminaste.

En la letra "X" te veo haciendo uso de la XILOGRAFÍA.
Nos grabaste, no en madera, sino en relieve, resaltando nuestras habilidades y serruchando nuestras deficiencias.

En la letra" Y" veo las quemaduras de las YEMAS de tus dedos por las jornadas culinarias, también tejiendo las mejores túnicas para abrigarnos del invierno de la vida.

En la letra "Z" te veo ZANJAR con empeño, para no vernos pasar dificultades en el sendero.

Mami: se te extraña y los días están tristes, los libros sin letras, los árboles sin hojas, las noches se enfurecen sin dejarnos dormir, no hay música, los cielos oscurecen, lo único que nos sostiene es acudir al diccionario que formaste con tu vida, el que nos recuerda los bellos colores, que usaste. Gracias, madre, esperamos un día volver a estar contigo.

Aforismos

La fe es el corazón de tus emprendimientos.

La bondad son los pies de las personas filantrópicas.

El gozo es una fábrica que se anida en el torrente sanguíneo.

Con buenas obras se construyen excelentes caminos.

La alegría es la disposición del corazón.

Los corazones gozosos siempre son agradecidos.

Si ves una injusticia y no actúas, eres injusto.

Quien levanta al árbol caído tendrá muchas hojas
de diversos colores y tamaños.

Basta un rayo de luz para quitarle protagonismo
a la oscuridad.

El ayer pesa, el mañana angustia, vive el presente.

Recuerda: si tu creencia es diferente, la esencia nos une.

A cada noche le pertenece un alba
y a cada huida una vida mejor.

Supera las decepciones, porque si se anidan te pudren.

Es mejor comenzar desde abajo con sudor,
que desde arriba sin escaleras.

Llena tus ojos de bellos paisajes y no tendrás tiempo para ruidos extraños.

Haz raíces profundas y darás excelentes frutos.

Llena tu corazón de amor y no habrá espacio
para el odio.

Todo vacío llénalo de Dios.

El homicida siempre encuentra una presa,
el bondadoso a quien ayudar.

Si me tiendes una mano, mi mente no te olvidará.

Si me enseñas tu corazón, no necesito ver más.

Perdonar te libera, odiar te enjaula.

Si quieres decorar tu exterior, empieza por dentro.

Los sabios difieren sin litigio

Aprecia tu cabañita y disfrutarás la mansión

Las flores son bellas cuando las envuelves
con el corazón.

La vida es del color que tu alma la pinte.

Eres sabio si no lo dices.

La envidia tiene dos patas venenosas.

Las canciones que nacen en tu alma llenan mi corazón

La templanza es un vestido para grandes.
Los sabios observan, difieren, mas no discuten.

No hay ideas equivocadas, simplemente ideas tuyas.

¿Te gusta la paz? Guarda la espada.

La conmiseración es la pobreza del alma

La cruz fue hecha a la medida de cada ser humano.

Olas negras

Las curvas de la calle dan miedo,
especialmente cuando en torrentes
nos llega el aire del pasado,
arrastrando olas negras.

Un solo pensamiento huracanado,
cobra vida en calle sinuosa,
con tentáculos rojizos
y envenenados.

Nos invade la noche tenebrosa
y nos hace invisibles,
doña Esperanza anda de vacaciones
y su representante está dormida.
Se desplazan los fantasmas libremente
y obstruyen el paso a los amigos,
ellos no pueden visitarnos.

Brisa divina

Gracias, brisa divina,
en ti me transparento
y veo mi impureza.
Ahora te imploro que con sutileza
me cubras de blancura.
Mitígame el hambre,
esta infinita soledad
que me tiene perpleja.
De lo contrario, atropéllame
con un rayo de tu brisa.

Levitando

¿Cuántos dirán una buena frase de mí?
¿Quién dirá luz en mis hombros?
Levitando me veo en mi sepelio, reducido a cenizas.
Como otras veces, abro mis alas y emprendo el vuelo.
Desciendo al abismo a la velocidad de la luz,
cuando un ángel milagrosamente
aparece y me envuelve en su regazo,
me marca con tinta blanca indeleble.
Comienza una nueva y añorada vida
con agentes multicolores e inesperados.
Sorprendida veo a algunos que el mundo
mantenía en ultratumba,
y algunos que fueron rescatados y ahora gozan.

Lóbregas palabras

Palabras ennegrecidas por el odio y la rabia,
son palabras que penetran hasta los tuétanos
del alma y laceran las arterias de la alegría.
Palabras afiladas por los cuchillos del enojo,
son más cortantes que saetas…
¿Quién podrá digerirlas?
¿Me las tengo que tragar?
Solamente el tiempo las disipará,
Igual dejarán huellas y tremendas cicatrices.

El clamor de las entrañas
se desgaja día y noche
y no tiene eco,
solamente con paciencia
lograré ver esas respuestas.

La biografía

Se forma fácil y con mucha simplicidad la biografía,
expresando enfado y hambre de reojo.
Biografía es decir locuras libremente
y descubrir a una señora en lo más recóndito de tu ser.
Es guardar silencio cuando tú amas y te odian,
es un pergamino de múltiples sabores.
La biografía es marcharse sin ser visto
es volar sin dejar huella,
capitanear un barco de papel,
un avión sin piloto.
Biografía es entrar a un laberinto
con muchas calles y avenidas.

Club Mente Abierta

Decido navegar en un inmenso océano
de nombre Toastmasters International,
lo hice en un kayak
que por momentos parecía hundirse.
Algunos venían en lanchas motorizadas y otros en barco,
pero todos arribaremos en el puerto del conocimiento.
Ese puerto está pintado de unos colores
espectaculares de oratoria y liderazgo.
Lo ideal es que cuando desembarquemos
todos estaremos vestidos de capitanes,
empapados de elocuencia y liderazgo.
Doy gracias al CREADOR,
porque en estos cinco peldaños,
aprendí a sobrepasar muchos desafíos.
Las aguas tranquilas me bañaron de mansedumbre,
las turbulentas me enseñaron a conjugar
el verbo amainar.
Las elocuentes me dieron pasión.
Hoy me declaro ladrona, sí, porque
sin que ustedes se dieran cuenta
les he robado un poco a cada uno
y debido a ello hoy soy más docta.
Entré al océano siendo un pececito
y hoy me he convertido en una ballena;
sí, voy llena de conocimiento, amigos,
lecciones, y cultura.
He comido arepas saladas y dulces,
tacos de perseverancia y alegría;
y pupusas de compasión y altruismo.

Ahora solamente me queda agradecerles
el haberme dejado subir a vuestro barco
porque a medio camino convergimos
en una amplia y bonita nave,
esta nos conduce a todos por igual al éxito.

Mara busca a Dios

Lo busca de oriente a poniente,
de norte a sur, en siluetas de metal,
en estructuras de madera.
Mara busca a Dios en la luna, en el sol,
en una tortilla, en un árbol,
en las calles, avenidas, bulevares.
Mara busca a Dios en los hospitales,
en las escuelas, con el vecino,
y hasta en las nubes…
Mara busca a Dios en un templo cerrado
y es tanta su indignación
que quiebra la puerta y no lo encuentra.
Se la lleva la policía a la cárcel
y es allí, estando presa, que encuentra
la libertad que Dios provee.

Escuchemos al planeta

Gimen los árboles,
les hemos lacerado las arterias,
sus hojas imploran un mundo mejor.
Vomitan los volcanes, sí, vomitan el dolor
que los seres humanos les hemos sembrado.
Lloran los ríos y sus lágrimas son de plástico,
cartón, aluminio…
Callan los pájaros, les hemos arrancado las alas.
Se derrite de rabia la capa de ozono,
la hemos baleado.
Los lagos están ciegos por el humo
de los árboles quemados.
Los bosques tienen cáncer pulmonar
por la contaminación ambiental.
Los mares abortan petróleo,
desechos tóxicos…
Te suplico, mi hermano, cuidemos
el planeta, es nuestro hábitat.
Si no lo hacemos tendremos que volar,
sin boleto para regresar.

Salvadoreño

Ser salvadoreño es tomarse un huacal de ilusiones,
con una pupusa revuelta de pasión, sabiduría y anhelos.
Ser salvadoreño es tener un petate de sueños
muy grande y un rancho con láminas de pasión.
Ser salvadoreño es comer papalones de paz,
paternas de alegrías y papaturros de admiración.
Ser salvadoreño es tener una zaranda de nostalgia
y un calabazo lleno de sudor.
Ser salvadoreño es comerse un atado de bondad,
una anona de alegría y un tamal de trabajo.
Ser salvadoreño es llenar un chunche de proyectos
y una cuma de aspiraciones,
es tener el sol por vecino y la luna por cómplice.

Me heredaste

Me heredaste un sombrerito pintado de bromas
que me gusta mucho.
Me lo probé y me quedó muy grande.

Me heredaste una camisa confeccionada
con mucho amor, trabajo y liderazgo,
a ella le bordaste detalles de valentía.
Pienso usarla cuando lo estime necesario.

Me heredaste unos pantalones rotos y desgastados,
ellos son las huellas de tus jornadas extenuantes
y devastadoras.
Los usaré para el sinuoso camino.

Me heredaste los zapatos con los que surcaste
el mejor de los senderos, con ellos esparciste
la semilla al hambriento espiritual.

Me heredaste la silla del conocimiento
en la que solías sentarte por horas
a estudiar el libro de la vida.
Y por medio de esa palomita fuiste iluminado.
Y esa luz nos la transmitiste a tres generaciones. ¡Gracias, papá!

Desteñida

Desteñida por el dolor
me deja tu vuelo.
Ahora espero me regrese el color
al saber que gozas en el Cielo.
Desteñida la celebración
de tus noventa años.
Aunque no te saldrás con la tuya:
Los celebraré en tu memoria.
Desteñida queda la casa
por tu ausencia.
Aun así, brindaremos por tus bromas,
sonrisas, y el ejemplo que nos has legado.
Desteñidas están la silla y la mesa,
esperando que te acerques a jugar.
Qué decir de Óscar,
tu eterno compañero y rival de juegos.
Está absorto oteando las nubes
para observar con quién estás jugando.

Un migueleño

Un migueleño mira hacia el oriente
y queda absorto con tanta belleza
natural y humana.
Un migueleño toma una sustancia de garrobo
condimentada con perseverancia,
dedicación y humildad.
Un migueleño se va a pasear a Riverside,
a llenarse de verde esperanza
y a bañarse en el río de diversiones.
Un migueleño se va a escalar el volcán
de satisfacciones y unos cerros de felicidad.
Un migueleño va a la cueva de los sueños
y se come un pan relleno de tranquilidad,
optimismo y trabajo.
Un migueleño se toma una poleada de resiliencia,
se come una rigua de superación,
y un pastelito relleno de entusiasmo.
Un migueleño le da una moneda de futuro a un cipote
y lo hace soñar.
Un migueleño adopta un chucho de la calle
y muestra hospitalidad a la fauna.
Un migueleño calza con una yina de posibilidades al desamparado
y le pinta un abrazo de esperanzas.

Arbolito de Navidad

A Dios se le desgaja una rama de poder,
en su descenso viene pintando el sol,
la luna, las nubes, las galaxias, los planetas,
los asteroides…
Al entrar al globo terráqueo
se posesiona de una virgen y nace el niño de niños,
llamado Jesús, Salvador, Redentor, Mesías,
solamente por mencionar algunos de sus nombres.
Este niño planta un arbolito, el tronco
lo rellena de amor, le coloca unas ramas
de sacrificios, otras ramas de hermandad
ternura, serenidad, bondad, empatía…
Las hojas las pinta de vida y de esperanza.
Les amarra unas esferas bañadas de paz,
fortaleza, valentía, tesón, constancia,
perseverancia, firmeza, voluntad.
Le coloca unos lazos de alegría,
satisfacción, placer, júbilo.
Y lo sella con una estrellita
en la cima del arbolito.
La rama del sacrificio cortada
se había hecho gruesa y resistente
en ella fue crucificado el Creador
del árbol y con su sangre traza el camino
hasta el Cielo para que sigamos sus dolorosas
huellas y lleguemos a morar con Él por la eternidad.

¿Para quién?

¿Para quién serán esas botellas
llamadas lociones?
Sí, esas que llenaba de amor
y llevaba para ti.
¿Para quién serán los zapatos
anchos de ilusiones de marca Reinita?
¿Para quién será ese corazón
feliz y rebosante de emoción
que ansiosamente esperaba
cada semestre para visitarte?
¿Para quién serán las rosas
bañadas de energía,
vestidas con pétalos de gratitud.
que preparaba para ti?
Dime, mamá, no sé
qué hacer con el pecho
resquebrajado, mi alma
rota y mi corazón llorando
lágrimas de ajenjo.

Perforada

Perfora con consuelo, misericordia
y ánimo, este volcán de dolor,
oscuridad, vacío y tribulación
que invade mi ser.

Haz que la luna se pose
en mi ventana y alumbre
mis lóbregas noches.
Haz que el sol visite mi espíritu
y las aves canten y eleven mi ser.

Quema las espinas de mi camino
y haz que los abrojos de soledad
se pudran en el fango de la vida,
que las lágrimas las seque el sol
del desierto.

Logra que la alegría abra espacio
y pueda navegar libremente
en mares, ríos, lagos.
Y que donde quiera
que vaya me la encuentre.

No esperaste

No esperaste tu celebración
de los noventa otoños
donde esperaba leerte mis versos,
que había perfumado de Van Gogh 360;
ahora lo celebro en tu honor,
pero con el alma en el piso.

Ahora las letras son escritas
con lapiceros de lágrimas
y en corazón oscuro y ciego,
con frases llenas de hipo
y metáforas turbulentas.

Tus ramas se desgajaron
del tronco sin previo aviso.
No me extraña,
porque siempre fuiste práctico en la vida.
Pero te cuento: aún estoy gateando.
Lo único que amortigua mi gemir
es saber que tú moras en un excelente lugar.

Papi, aunque últimamente no vivimos
juntos, tú siempre recibiste palabras
envueltas de amor y abrazos del alma.
Te cuento que hoy te has anidado en la savia
de mi ser y de allí no saldrás hasta
que nos volvamos a encontrar.

Ahora me queda ponerme
tus zapatos de bondad y hospitalidad
para que esas preciosas huellas
me conduzcan a tu morada
y me cuentes historias por toda la eternidad.

Aquella lámpara

Aquella lámpara que me regalaste
pensé guardarla, pero me vi forzada
a usarla en una nevada que congeló
los tuétanos de mi alma
y oscureció mi camino.
Cuando por fin la encendí,
no solamente me enseñó por dónde ir,
sino que me calentó el corazón partido.

Ahora le cambié el nombre, ya que es multiusos,
y me acompaña las cuatro estaciones.
En invierno brilla mucho
y transito sin miedo alguno.
En primavera florece como un capullo
y emana fragancia de seguridad.
En otoño me da una luz tenue
para caminar con cuidado y no daña mi visión.
Y en verano, no hay faro que se le iguale,
a la vez me da sombra en las tormentas.
¡Gracias, papá, por esta lámpara maravillosa!

A ti, hermano

Cuando viste el sol por primera vez,
dos grandes hermanas estaban
con huracanes y nubarrones,
manteniendo una inestabilidad binacional.
A ti, hermano, que creciste con doce oscuros años
que desgajaron setenta y dos mil ramas a punta de balas, bombas
y cañonazos.
A ti, que emigraste para vivir en paz,
forzándote a renunciar a la esencia del amor filial,
mientras atravesabas montañas de soledad
a temprana edad.
A ti, hermano, que el virus te coronó
de asfixia y te dañó los pulmones.
Estuvimos implorando
tu mejoría, pero nuestras plegarias
no tuvieron eco.
Te reservaron un boleto
para un lugar precioso,
que estamos seguros es muy bonito
y sabemos que lo estás disfrutando,
pero nosotros nos quedamos
con el alma rota.

Aun así, damos gracias
al Creador por haber perfumado
tus cincuenta y un claveles,
los cuales, por misteriosa coincidencia,
fueron también los días que contamos
hasta que sucumbiste en el hospital.
A ti, hermano, que supiste dar prioridad,
poniendo a Dios y tu familia en primer lugar.
Te cuento que cuando sentimos desmayar
pensamos en la antorcha de bondad
y en los surcos donde sembraste
la semilla espiritual sin descansar.
Ahora podemos decir que aprovechaste el tiempo
y te recordaremos bonito por siempre.
Wilfredo, ahora lo que esperamos
es volverte abrazar.

Extensión oscura

La noche duele y tal parece que el alba no quiere aparecer.
«¿Por qué?», pregunta mi conciencia.
«No sé qué contestar», la inercia se interpone.
Quisiera que el aire se vaya por todo el mundo,
recogiendo alegría y felicidad y que luego venga,
me atrape y nunca me abandone.
Lástima que no me obedece.
No puedo vivir al filo del dolor.
Me corta las alas de la felicidad,
los ojos me los apaga,
la saliva me la vuelve ajenjo,
huelo solamente a soledad,
me araña la tristeza,
las canciones son grises y sin letras,
las almohadas mojadas de insomnio,
las sábanas frías,
se agotan los pañuelos,
las toallas están sucias,
mi amiga, la alegre, me abandonó.
Solamente una señora triste y sin gracia me visita,
¿hasta cuándo…?
Me queda mirar hacia arriba y que aparezcan tres estrellas
a las cuales llamo Jesús, Reinita y Wilfredo.

Eres mi poesía

Eres mi estrella favorita,
el oriente para mis desaciertos,
eres quien endulza mis amargas travesías,
eres mi alegría cuando estoy socavada,
eres mi amanecer de noches interminables.

Eres mi aurora boreal.
Mi amor por ti forma una luna
de terciopelo blanco
y percibo el calor de tu sonrisa.
Te silbo suavemente los sábados
esperando que me escuches.
Busco una señal sutil que haga eco
y levante mis ramas resquebrajadas.

Hasta hoy no he tenido suerte.
La noche de tu partida fue fría como el hielo
y aún no aparece el sol.
Quisiera que como un rayo veloz bajes
y me arropes en un abrazo interminable.

Los millones de abrazos y besos
que me regalaste no los pude detener.
Estoy desprotegida sin tu cariño,
estoy llorando lagos de lágrimas.
Siempre nos diste un techo donde vivir,
pan para comer y un vestido para cubrirnos.
Te admiro porque te tocó vivir un rudo camino
y nunca te quejaste.
Siempre tuviste una tierna alegría.
Cuando pienso en ti, la luna me sonríe.

Y si olvido el tiempo es para continuar el camino,
eres el reloj que me canta las horas.
Gracias, mami, por darme amor en las letras,
por ser una gran fuente de inspiración,
gracias por ser mi gran musa,
gracias por ser mi poesía.

Hojas secas

Ausente en tus sueños,
congelada en tus pensamientos
sin presencia matemática.
La vida se ha ido en un río
de afiladas navajas.
Las esperanzas eran verdes.
Pero con el tiempo
se secaron de olvido
y quedaron en espera el vestido,
los zapatos y la diadema.
Lancé una frase muy bonita
hacia tu rumbo, pero se perdió,
quizá no encontró tierra,
pues la paloma no regresó
para darme esperanzas.
Soy una rama seca que deambula
en el desierto de la vida, buscando
un oasis sin encontrarlo.
Quisiera convertirme en un libro
para un día ser leído.

Dale cuerda

El agua está detenida.
Se paraliza el aire.
Se congela en tus ojos la luna.
Se desmaya el sol.
Se entumece el espíritu,
Se inmovilizan las manos.
Los ojos cerrados.
La sangre se ha coagulado.
El corazón en huelga.
La risa se estanca.
Los árboles desarraigados.
Los ríos dejan de bailar.
No olvides darle cuerda a tu cronómetro.

Vasija

Crucificada con los clavos negros
de tu indiferencia
y por la afilada angustia
de tus vocablos.
Mira las curvas de mi alma
y las espinas de mi clamor.

Me llamas y respondo:
«¡Heme aquí!».

Clavas una tachuela más sobre mi yugular,
será la sima de todos los tormentos.
No soy más que una vasija resquebrajada.

Te escurres

Te escurres entre los dedos,
pero te aferras en las entrañas de mi alma.
Sé que de ahí no saldrás jamás.
La impotencia me acompaña a cada instante
y el dolor de verte disminuir corroe mis tuétanos.
Lo que me mantiene en pie
es saber que las flores compartidas
aún tienen vigente su aroma.
Son esos bellos recuerdos que nos mantienen unidas
los que me dan aliento para proseguir en esta senda.
Sobre todo, tu voz de guerrera.
Nunca te dabas por vencida,
siempre nos animabas
para que no desmayáramos.

Rosa de Jericó

Como rosa de Jericó
me encontraste en el desierto,
desecada por el intenso calor
de los problemas,
agrietada por la vida.
Oprimida y plegada,
guardaba mi esencia en lo más profundo
de mis delicadas entrañas.

Sin olor a vida,
por caminar en sendas sinuosas,
al final me esperabas
como un oasis en pleno páramo.
Fue allí cuando empecé a expandir
mi positivismo como tentáculos
e inhalé esperanza y resiliencia.

En seguida llegaste envuelto
en una lluvia de bendiciones
que me hicieron florecer de nuevo.

Vete de noche

Si te vas a ir,
vete de noche.
No despiertes mi alma.
Hazlo cuando esté durmiendo.
Una vez afuera,
súbete a un huracán y vuela.

Objetivo verde (TPS)

Las ramas están llorando hojas
porque el árbol ha sido baleado,
es hora de abrir los ojos
y comenzar a resucitarlo.

No desistamos en la lucha,
vamos todos a cabildear,
por una estadía digna
y una vida sin zozobras
ni miedo al ver los agentes pasar.

No nos rindamos hermanos,
persigamos nuestro beneficio,
si no lo hacemos ahora,
mañana no debemos quejarnos.

A ti que eres residente o ciudadano,
apelamos a tu conciencia.
para que tiendas hoy tus cinco dedos
a todos nuestros hermanos.

Recuerda que esta misión
tiene un solo color y es la unidad.
Gritemos todos juntos
y hagámonos escuchar.
TPS lo nombraron, enunciando temporalidad.
Hoy te animo a que a estas siglas
les demos perpetuidad,
busquémosles permanencia
con júbilo y hermandad.

Solución

Si estás inmerso en un huracán,
piensa que es temporal.
Si estás en lobreguez,
piensa en el amanecer.
Si estás entre espinas,
pide auxilio y alguien te las sacará.
Si estás naufragando en tempestuoso mar,
manda señales al más allá.
Si un dolor te aqueja,
solamente cree y te sanarás.
Si el ocaso te ha envuelto
y te sientes sin esperanza,
pide ayuda a la metamorfosis,
ella te cobijará con caricias
y te acompañará hasta el final.

Sé mi bastón

Soy ciega en este lóbrego mundo,
estoy vestida de inseguridad,
guíame para no caer en el abismo de la maldad.

Activa mi visión extrasensorial,
así no tropezaré con la crueldad.
Te prometo compartir tu guía
con quien lo necesite, para que todos
gocemos contigo por la eternidad.

Mi reinita, la más bonita

Reinas en la esencia de mi vida
y con tu amor has teñido mi alma,
me has bañado de tu paz,
borrando las grietas de mi corazón.

Me coronaste de admiración
por la fauna y la flora,
ellas formaron parte de tu atmósfera,
y ahora mi alma las añora.

Me entregaste el cetro de la bondad
y hasta hoy lo he llevado como estandarte
en todo mi tránsito.

Desteñiste la tristeza de mi sendero
y colocaste una manta de seda
para que no sufriera en la travesía.

Mamá: gracias por haberme
guiado con tu luz para poder
distinguir las espinas y abrojos
de mi camino.

Pulgarcito

Con tu sonrisa verde del campo
me llamas a vivir en tu guarida.
Con el baile de tus ríos
me bañas de alegría
y curas mi alma desgarrada.
Con el fuego de tus volcanes
me iluminas y me haces florecer.
Con la transparencia de tus lagos
me reflejo en el atardecer.
Con los minerales de tus mares
me sanas y elevas mi clavel.

Flores marchitas

Se desborda como un río mi alma
al ver tus hondonadas sin agua;
quisiera bañarme en tus caudales,
pero es demasiado tarde.

Tus hojas se han marchitado,
tus ramas están resquebrajadas,
tal parece que el invierno
cual huracán te ha atropellado.

Quisiera ser omnipotente
para levantar tu árbol caído.
Pero al no poderlo hacer,
debo recordar lo compartido.

Espero no estés sufriendo,
pues un insecto alemán
como cáncer está consumiendo tu raíz.

Ahora mi plegaria al Jardinero Celestial,
es que la savia Él te la esté protegiendo.

Ejemplo paterno

Dibujas en mi mente
una escena que cualquier hijo anhela.
Eres un hombre ejemplar
desde el alfa hasta el omega.

Con tu liderazgo aprendí
a compartir con el menos afortunado
y a visitar al corazón atribulado,
a buscar al sediento del Ser Supremo
y esparcir la semilla en la tierra,
a discernir el libro del saber
aunque nunca me dijiste:
«Lo tienes que hacer».

Señor Padre

Bríndame, Padre, cada día
una investidura de felicidad
para mantener mi mente con lucidez
y despojarme de mi maldad.

En primer lugar, líbrame del egoísmo
que de la mente material se derrama,
pues en verdad somos uno,
el mismo color de sangre nos hermana.

Padre: ayúdame a amar
más allá de lo visual,
a nadie niegue yo
la absolución que redime
como tu ley divina me lo pide.

Sin descuidar mi propia vida,
ayúdame a subir el sinuoso sendero
para tocar los astros y ser parte
para siempre de tu bello vergel.

Nueva Visión

Se anuncia un nuevo vuelo
saliendo el 5 de enero del 2019
en la aerolínea Nueva Visión,
se ofrecen vuelos sin costo,
solamente se requiere
ánimo, júbilo y oración.

A los miembros de la tripulación
se les solicita tener buena actitud
y una sonrisa muy bien marcada.
Abrocharse el cinturón de bondad
y los zapatos de la misericordia bien amarrados
para repartir el pan con equidad y gran solicitud,
que esparzan la semilla de amor, gozo y paz,
dentro y fuera del avión.
Que inviten a los ciudadanos al viaje,
para esto los requisitos que se les pide
son entrega y devoción.

No desistas

Si el sol se convierte en nube
y la luna huye,
sigue confiando.

Si los pájaros enmudecen
y los niños no lloran,
sigue confiando.

Si los árboles no cantan
y los mares ya no bailan,
sigue confiando.

Si las cascadas no ríen
y la zarza no crece,
sigue confiando.

Si el cielo llora sangre
y las estrellas se derriten,
sigue confiando.

Si el niño se muere
y te rasgan el corazón,
sigue confiando.

Si el día no alumbra
y la noche se prolonga,
sigue confiando.

Si la soledad te visita
y su estadía se alarga,
sigue confiando.

Porque pronto aparecerá
un arcoíris que con amor
emulsionará los pedazos de tu vida
y los convertirá en la mejor obra de arte.

Mujer

Mujer, eres el salvavidas
en este mar turbulento.
Mantén el autoestima en alto como la vela del barco
y no permitas que las olas impacten tu bello cuerpo.

Mujer, eres un importante eslabón de la sociedad.
No minimices tu importancia
permitiendo que alguien ponga
obstáculos en tu ciudad.

Mujer, eres la rosa más bella del universo,
permítele al Jardinero Celestial
que te pode y abone por la eternidad.

Mujer, eres la musa para cantantes, pintores,
escritores y escultores.
Mantenlo presente y nunca, jamás,
permitas que alguien desvalorice tus versos.

Mujer, eres bella desde los pies a la cabeza,
pero lo más importante es que tu alma,
corazón y esencia te hacen única
y te dan trascendencia.

Mujer, igual valor tienes si eres ama de casa,
secretaria o presidente.
Recuerda: nada de esto te hace superior,
sino el espíritu incandescente
que te da la resiliencia.

Mirada al cielo

Me apuñalaron el alma,
salí a esconderme a un vergel,
ahí encontré una serpiente venenosa
que también me quiso morder.

Me apuñalaron el alma,
corrí a un rosal,
no me percaté de sus espinas
hasta que se clavaron en mis pies.

Me apuñalaron el alma,
fui corriendo a brazos de mamá,
cuál fue mi sorpresa
que ella ya no pudo abrazarme,
la había invadido un enemigo alemán.

Triste y decepcionada
ya no sabía a dónde ir,
me senté con los hombros caídos
y di una mirada al cielo,
una nube me sonrió y ese fue mi consuelo.

Mi viejo

Ahora que tienes cabello de plata en la cabeza
y espesura en tu sangre, te amo más;
ahora que tienes tu hablar cansado
y tu caminar lento, te amo más.

Ahora que tienes abundancia
de edemas y tumefacciones
en todo el cuerpo, te amo más.

Ahora con tus acuerdos
y discrepancias, te amo más.
Con tus consejos y amonestaciones,
te amo más.

Ahora puedo leer tus gestos
también descifrar entre líneas
tus deseos y sé que todo
lo que me inspiras y dices
viene cubierto de amor.

Mi libro favorito

Eres mi libro favorito, papá.
En tu portada veo una sonrisa
de oreja a oreja, pero adentro
mucha escritura resaltada en rojo,
que huele a dolor.

El índice tiene líneas
resquebrajadas en forma de corazón.
Los números tienen hipo
porque la tranquilidad chocó
contra tu garganta.

El prólogo clama por paz,
pues tu primogénito
se esfumó sin decirte adiós,
y esto marchitó tu alma.

La introducción la hiciste
a un país extranjero,
que fluía leche y miel
pero al final destiló mucha amargura.

El desarrollo fue pintado al ritmo de corazón,
y atravesaste muchos cráteres
que no lograron hundirte,
pues el Creador a ti te hizo de acero.

La conclusión la hiciste magistralmente,
llevando a tu familia a apreciar el Cielo,
y es que sabías que solamente
allí podemos encontrar consuelo.

Manos laboriosas

A las manos laboriosas
y a las mentes brillantes
van mis versos cubiertos
de glorias y estandartes.

Por el trabajo magnífico
de los científicos presentes y ausentes
van mis aplausos y respetos por todos los avances.

A José yo alabo porque con martillo
y madera hizo una silla y una mesa
para que comiera en ella nuestro Rey.

A mis padres les doy gracias
por confeccionarme
un vestido tan especial
con encajes de amor y telas de paz.

Mamá

Cuando tus ventanas se hayan cerrado,
tu amor cubrirá mi rostro en forma de agua,
esas gotas saldrán del alma,
aun así, espero la tranquilidad.

Cuando tus ventanas se hayan cerrado,
recordaré las bellas tardes cuando juntas
en el parque caminábamos, conversando.

Cuando tus ventanas se hayan cerrado,
querré ser como tú, con la sobriedad
que tomabas la vida incluso cuando
ella no te sonreía.

Cuando tus ventanas se hayan cerrado,
querré regresar el tiempo
y volver a Nueva Orleans,
donde vivimos muchas anécdotas
y hasta un accidente compartimos.

Cuando tus ventanas se hayan cerrado,
extrañaré a esa guerrera,
esa mujer virtuosa,
que nunca fluctuó en la vida,
y que, al contrario, siempre nos animaba sin medida.
Cuando tus ventanas se hayan cerrado,
continuaré admirando tu valentía
y te veré reverdecer en una bella orquídea.

Cuando tus ventanas se hayan cerrado,
querré abrazarte, aun sabiendo que volviste al polvo,
porque tengo la convicción
de que te instalarás en mi alma.

Cuando tus ventanas se hayan cerrado,
iré a San Antonio, recorreré el Álamo,
el mercado, el Paseo del Río y el Sea World,
para visibilizar tus pasos y recibir la
satisfacción que esto te causaba.

Cuando tus ventanas se hayan cerrado,
iré a Corpus Christi, caminaré a la orilla del océano
y me tomaré fotos junto a la estatua
de Selena, tal como tú lo hacías.

Cuando tus ventanas se hayan marchitado,
regresaré a Guatemala.
Cómo olvidar ese último viaje
que gozamos con tu sobrino,
aquella locura de dormir
con los pies fuera de la cama.
Haré el mismo recorrido:
Ciudad de Guatemala, Antigua y Atitlán.

Cuando tus ventanas se hayan cerrado,
vendrá el Omnipotente a enjugar mis lágrimas
y aunque probablemente yo no lo perciba,
sé que junto a Él estarás reconstruyendo mi vida.

Madre (patria)

Madre, me diste un bello
Maquilishuat por paraguas
y con él escribiste mi nombre,
me impregnaste con el delicioso aroma
de la flor de izote,
y me arrullaste con el dulce canto del torogoz.

Me vestiste con un sombrero azul
del tamaño del cielo
y de blanca pureza coloreaste mi corazón,
me hiciste brillar con el añil de tus entrañas,
y me cobijaste con la fibra de tu cálido algodón.

Madre, me despertaste con el rico
aroma del mejor café,
me alimentaste con las deliciosas
pupusas de loroco y chipilín
y me dormiste con la sopa de flor de pito,
me diste paz con el viento de tus maizales.

Madre, me levantaste del lecho del dolor
con el consomé de garrobo
y me endulzaste la vida con el
batido de tus cañaverales.

Madre, gracias por darme a luz
en la Perla de Oriente,
donde a su gente el arquitecto celestial
la coloreó de un gran amor por la humanidad.

Linfa

Coróname con tu gracia
para ver tu magnificencia.
Vísteme del virus de la paz
y dame diecinueve razones
para bendecir tu Santo Nombre.

Asfíxiame de tu amor
para ayudar al desvalido.
Haz que la fiebre de alabarte
permanezca siempre en mi vida.

Contágiame de esperanza,
para disfrutar los catorce días
que estaré enjaulada.
Haz que emprenda un nuevo vuelo,
con más fervor, para esparcir tu semilla.

Te prometo que con arrojo
volveré al nosocomio
a regalar mi linfa
para salvar a la humanidad.

Campiña salvadoreña

En la campiña salvadoreña,
el sol muestra su mejor cara
y en el ocaso hace su magistral huida
vestido de gala.

En la campiña salvadoreña,
los ríos bailan al son de la cumbia,
los árboles cantan al ruiseñor,
y las piedras aplauden en gratitud al Creador.

En la campiña salvadoreña,
los torogoces modelan libremente,
luciendo los mejores trajes de pasarela y no hay comparación,
todo es asombro, todo es diversión.

En la campiña salvadoreña,
los niños huelen a guayaba, nances, papaturros, papalones,
y mangos. Por ello son felices y juegan al ritmo del bandolón.

En la campiña salvadoreña,
se respira aire puro,
los campesinos sí saben convivir:
si a uno le falta grano, el vecino le comparte.

En la campiña salvadoreña,
los jóvenes corren o juegan con balones de trapo,
algunos lo hacen descalzos, se desplazan sobre los
pastizales con gran amor.

En la campiña salvadoreña,
los hombres huelen a caña, café, algodón
y se tiñen del añil de la felicidad
para enfrentarse a la sociedad.

En la campiña salvadoreña,
las mujeres son laboriosas, diseñan y pintan mejor
que cualquier famoso. Muestran sus obras de arte
vestidas con sus delantales y, la verdad, son grandes murales.

¡Ven! Te invito a visitar la campiña
salvadoreña, con sus verdes arboledas
y pastizales, te van a enamorar
y te cobijarán con una paz
que en ningún otro lugar vas a experimentar.

Piloto

Soy una piloto volando
sobre aires de la añoranza,
con un ala herida voy rumbo a mi patria.
Mi avión sobrevuela aires turbulentos,
por momentos parece que cae,
lo eleva de nuevo mi piloto perfecto,
el radar apunta hacia el sur.

Pasan y pasan los años,
se mantiene volando el avión
sobre aires de desengaño.

Me muevo como papel
por los azotes,
se mantiene volando mi avión
con los motores rotos y sueltos.

Llamo a la torre de control,
estoy muy desorientada,
mis ojos no pueden ver,
mis brazos se han paralizado,
mi corazón se acelera
como vientos huracanados.

Por un milagro divino continúa volando el avión en los aires que
me maltratan, pues este se empecina y sobrepasa los obstáculos
en un difícil espacio de impetuosos aires y difíciles manejadas.
El ánimo indoblegable persiste, guiando el artefacto,
gracias a la fe pude pasar el mal rato.

¡Al fin pude realizar mi sueño!
Ahora puedo comer mi comida predilecta
en la tierra que me vio nacer, después de recibir
el gafete verde, el cartón de la esperanza.

Trágico caso

La joven de mirada perdida
deambulaba por el pueblo,
de callejón en callejón:
la encontraron inerte
al despuntar el alba,
con los pies rígidos
y petrificado su corazón.

Nadie supo de su madre
ni de dónde venía,
su risa era pintada
en una cara triste,
ella cargaba amargura
en su pálida alma,
esto lo demostraba
en sus lóbregas ojeras.

La carpanta se apoderó de ella,
dejando que sus huesos
mostraran su rostro,
la miraba la luna,
la acariciaba el sol.
El día de su partida, solamente
la noche la acompañó.

Hagamos la guerra

Expulsemos bombas
pero bombas de amor,
con las que podamos
disuadir el odio en la humanidad.

Disparemos balas de paz para desintegrar
toda ira y enojo de nuestros hermanos.

Hagamos la guerra: lancemos misiles
de bondad, de esta manera
saciaremos cualquier hambre.

Hagamos la guerra, tiremos
granadas de alegría para curar
las heridas…

Agradecimiento al Covid-19

Gracias coronavirus por devolverme la sonrisa,
la que se había robado la rapidez de mi existencia.
Gracias por enseñarme a valorar
a los enfermeros y doctores,
esas garzas con plumaje blanco
que tanto han ayudado a la humanidad.

Gracias por mostrarme que el abrazo y el beso
son privilegios a los que no prestaba atención,
ahora con el distanciamiento los extraño
y cuando volvamos a reunirnos,
los daré con mucha intensidad.

Gracias por frenar un poco mi desorden,
ya que al quedarme en la jaula
disfruto más de mi familia,
también leo y escribo con pasión,
esto me ha dado más sabiduría.

Gracias por el viento 19,
pues me mostró lo frágil
que soy y a disfrutar con fervor
la soledad, porque no sé cuándo
me toque salir de esta guarida.

Es todo

Es abismo y montaña,
es dulce y amargo,
es día y noche,
es norte y sur,
es oriente y poniente,
es océano y desierto,
es luz y oscuridad,
es mañana y tarde,
es alegría y tristeza,
es llanto y serenidad,
es invierno y verano,
es cielo y tierra,
es ilusión y desesperanza:
Es el amor.
Es nuestro Dios.

Sima

En la sima del abismo, conocí el origen
de las lágrimas. Ellas me preguntaban:
«¿Cómo podemos salir sin que lo sepa la madre?».

En la sima del abismo, conocí a la oveja negra,
compartimos buenos argumentos.
Al final descubrí que solamente era una disyuntiva,
su corazón lucía la misma diadema.

En la sima del abismo, conocí un corazón
asesino, pero descubrí que tenía otras hojas
más bellas que las de la historia.

En la sima del abismo, conocí un corazón
ennegrecido por los falsos amigos,
hice retoñar otras raíces
y se convirtieron en albinas.

Árbol

Vi un árbol súper frondoso,
resaltaba en el bosque.
Me acerqué y me arrulló
entre sus ramas.
Al explorarlo vi que tenía
gajos de inteligencia, bondad, tesón,
amistad…

Sus raíces muy profundas,
rellenas de amor,
y la savia tenía una etiqueta
que decía: "Papá".

Cortina de dudas

Un jueves de junio
caminé a derribar la cortina de dudas.
En mi mente bailaba
la positividad.

Desfilaban los meses
desde febrero hasta mayo
del año dos mil veinte.
Y yo me columpiaba
en unas emociones negras.

Colapsó mi angustia
y huyó el miedo,
cuando supe que el virus
me coronó y abrazó fuertemente.

Hoy debo sutilmente
clavarle una estocada
y sacarlo de mi cuerpo,
pero especialmente
de mi corazón y mente.

Preguntó la depresión:
«¿Por qué te alegraste
con ese resultado?».
Y yo, feliz, respondí:
«Porque ahora puedo donar mi linfa».

Casa

Inmersa, amanecí en una casa
de puertas barnizadas de misericordia
y selladas por la generosidad.

Las paredes coloreadas por la alegría,
los sofás tapizados de dulzura
y un florero lleno de ilusiones.

La cocina con unos utensilios
de magnificencia, dispuestos
a compartir con toda persona
que tenga necesidad.

En sus recámaras,
edredones bordados por la paz,
y los colchones rellenos de consuelo.
Sus ocupantes dichosos
con semblantes de serenidad.

Las cortinas hilvanadas de oraciones
y las sábanas tejidas de gozo,
y unas veladoras esparciendo
fragancia de amor.

Dentro de la casa,
las macetas de prosperidad irradiaban luz
y en dos pedestales hermosos
estaban grabados
los nombres de papá y mamá.

Auxilio

Ayúdame a tejer con excelencia
mis sueños;
a bordar las mejores historias
en mi vida;
a aprender puntadas nuevas
cada mañana;
a cambiar de hilo y aguja
siempre que lo estimes necesario;
a desatar los nudos de inseguridad,
miedos, desconfianza,
desafíos…

Sobre todo, a descoser todos
los errores de mi vida.
Si es tu voluntad, hazme un traje
nuevo cada día.
Sé mi máquina, ¡Señor!

Arcoíris

Encendiste mi vida,
coloreándola de rojo intenso,
en una naranja de alegría
convertiste mi corazón,
y una huella verde
llena de esperanza
dejaste en mi alma.

Como un arcoíris delineaste
mi cielo de celeste calma,
pintaste de libertad azul mi camino.
Me sentaste en tu trono,
coronándome de reina,
vistiéndome de púrpura,
y con el amarillo del optimismo
iluminaste mi razón.

Gracias, Jesús, porque eres más que una señal,
eres una realidad de poderío, bendiciones
y misericordia en mi vida.

Aflicción

Afligida me encontraba,
huyendo de monstruos emocionales,
cuando de repente un arbusto precioso
me llamó. A él fui corriendo,
y con sus ramas me cobijó.
Es así como ahora puedo cantarles
una nueva canción…

Cincuenta estrellas

Del cielo se desprendieron cincuenta estrellas
y forman un gran país. Este pedazo de cielo
poblado de aves de diferentes cantos y colores.
Sus habitantes parecen abejas, todas juntas
construyen sus sueños sobre estos panales
mojados de sudor.

Estas cincuenta luminarias mantienen
alumbrada la esfera, y atraen
la mirada de conquista de todo el mundo.

Una estrella se desplazó hacia el sur
y nos cobijó como a recién nacidos,
para enraizarnos en su tierra,
y esparcir semillas de esperanza,
fe, luz y progreso en sus campos,
donde relincha el trabajo honrado
entre los cultivos, y aflora de cansancio
el sudor y el suspiro.

A veces el invierno nos amenaza
con sus nubes oscuras y sus leyes drásticas.
Ese látigo que lacera la alegría
de mis hermanos ocultos detrás del miedo,
de los que tiemblan por las aves verdes,
esos que les persiguen
y les arrancan la paz,
pero nunca podrán arrancarles
el corazón y los sueños.

Con sus flores y zarzas,
con su trigo y cizaña,
con sus relámpagos y risas,
con su miel y su ajenjo,
Dios bendiga esta gran nación.

Profesor de Matemáticas

Gracias por algebrar mi vida,
fraccionando mis sentimientos,
y por darle sentido a esta senda sinuosa;
de esta forma, me has enseñado
a no prescindir de tu venida.

Gracias por sumar a esta mortal:
alegrías, dinamismo, bendiciones
y por concederme una gama
de recursos para mi existencia
y por hacerlo sin medida.

Gracias por multiplicar y arroparme
con todo el amor, con una familia que nunca cambiaría,
con ella me siento como abeja en su panal.

Gracias por restar mis tristezas, depresiones,
angustias, cargas, desolaciones, tribulaciones
y todo lo que me impide vivir para Ti…

Gracias por eliminar toda dificultad
y abrojo que pudiese obstaculizar mi camino.
Y por dejarme saber que si encuentro
una complicada ecuación,
Tú nunca rehúsas
darme de nuevo una explicación.

Gracias por proveerme de estas fórmulas,
esas expresiones que Tú resuelves
con celestial acción,
pues Tú eres el artífice de esta ciencia
que me hace sentir súper al lado del gran Profesor.

Jardinero

Riégame como a una planta,
para que florezca mi vida
y pueda yo habitar esta guarida.
Haz que todo se me facilite
aunque camine sobre espinas.

Jardinero, haz que la semilla del amor
como pájaro yo la pueda esparcir
a la humanidad y que un día,
ellos formen parte de tu rosal.

Jardinero, permite que la rosa
pueda cortarla sin espinar mis manos
y si esto llegase a suceder,
sáname lo más pronto posible
para poder culminar esta senda.

Jardinero, ayúdame a contemplar
el verde follaje del cafetal
sin que los gusanos me piquen,
así podré cuidar de tu rosal.

Jardinero, te pido que podes mis espinas
y abrojos y que coseches de mí
todo lo que te sea provechoso,
y además te suplico
que decolores lo malo…

Jardinero, sé mi cuidador,
proveedor y alimentador.
También te ruego
que me contemples y aprecies
como a la más bella flor.

Si volviera a ser niña

Si volviera a ser niña, sería una flor
con pétalos de misterio y me dejaría
regar con gotas del océano celestial.
Esa flor sería la más aromática
que encontrarías en el jardín terrenal.

Si volviera a ser niña, sería la perla más linda
que ha parido la mar, me dejaría guiar
por el jefe de los marineros, pues de esta
forma estoy segura de que nadie me podría atropellar.

Si volviera a ser niña, sería un rayito de luz
en la oscuridad, por medio del cual Dios
mostraría el amor a la humanidad; también
sería la poesía que alegra el hogar y deleitaría
al mundo sin cesar.

Si volviera a ser niña, sería una estrella
para alumbrar el mundo y alejar el mal.
Detendría el tiempo para jugar
con la inocencia y la sinceridad.
¡Ah! Detendría la muerte
para ser mimada por mis padres
por toda la eternidad.

Uvalde sangra

Un joven con raíces resquebrajadas
hace que la locura corra por las calles,
que el dolor se apodere de los árboles,
y la impotencia forme mares e inunde
todo el pueblo hasta que la congoja anegue
los corazones y cerebros,
por veintiún pétalos desgajados.
Robb se convirtió en un río de tristeza.
La sangre inocente, clama justicia.
La pregunta es: ¿Hasta cuándo
se desvanecerán los colores
y buscaremos el bien común?

Gradúame

Ponme un birrete de sabiduría
una toga de amor,
unos guantes de lealtad,
unas medias de gratitud,
unos zapatos de cordura
para desempeñar tu labor
en la tierra, y, sobre todo,
entrégame un diploma
de aprobación para entrar
a la mansión celestial.

Jimmy (Jimbo)

Al recordar tu nombre
se viene a mi panorama tu cara
como ríos de alegría, porque si hay algo
que no muere, es la imagen de felicidad
que siempre mostrabas, aunque estuvieses
bañado de adversidad.

Al recordar tu nombre me invade
un viento que trae tu texto favorito
"No juzguéis para que no seáis juzgados".
Y tenías mucha razón, porque una gran parte
del océano se ha manchado de jueces
y se ha decolorado la empatía.

Al recordar tu nombre y abrir la puerta
entra un viento de equilibrio, que me da estabilidad.
«¿Cómo está tía?», era tu frase al verme,
esas palabras que amalgaman alegría, amor y gratitud
y, por ende, me llenan de vida.

Al recordar tu nombre
solamente se me dibuja una alfombra enorme
que Jehová tiende forrada de misericordia,
dándote el pase a la gran mansión.

Tierra pequeña

En esta tierra pequeña, delimitada
por los pájaros feos, nadan
y sobreviven sueños más grandes
que el océano.

En esta tierra pequeña, se besan
los sueños y el cielo, procreando
preciosos hijos, que viajan
y vuelan más alto que el Everest.

En esta tierra pequeña, hay seres
que se convierten en océanos
y cruzan varios continentes
esparciendo besos.

En esta tierra pequeña, los hombres
y las mujeres se transforman en ríos
que desembocan en los mares
sus grandes y preciosos versos.

A esta pequeña tierra, la llaman
el Pulgarcito, mas no se han percatado
que los sueños y las ilusiones
no reconocen los cercos.

Cuando viajes

Cuando vayas de viaje,
busca el camino más largo,
para impregnarte de muchos aromas.

Cuando vayas de viaje,
vete nadando los mares,
podrás apreciar mejor los peces
y bañarte en sus azares.

Cuando vayas de viaje,
vete despacio,
disfruta del follaje
y de los bellos y coloridos paisajes.

Cuando vayas de viaje,
vete en silencio,
vas a escuchar los cálidos y espectaculares
cantos de los pájaros y verás las huellas
de nuestros ancestros.

Patriarca

Si hubiera sabido que era la última vez,
te hubiera abrazado eternamente,
para que la viajera no se te acercara.

Si hubiera sabido que era la última vez,
te hubiese besado en retrospectiva
y hubiese construido una gran barricada
para protegerte.

Si hubiera sabido que era la última vez,
hubiera convertido los segundos en años,
y así continuar para siempre a tu lado.

Si hubiera sabido que era la última vez,
hubiese activado el parlante para escuchar
tus bellas palabras: «No te vayas».
Ahora esas palabras están pintadas de dolor
que podré mitigar el día que te vuelva abrazar.

Si hubiera sabido que era la última vez,
te hubiese celebrado los noventa años por adelantado.
Ahora gracias doy al Creador por haberte disfrutado, papá.

Voz amarga

Voz amarga se alista antes de parir negrura
y amarga la voz partidista,
pues no da a luz las obras predichas.
Sin pies se encuentra
el discurso proselitista.

Voz amarga la del amor ilusionista,
que se olvida del pacto prometido
en el altar, y al pasar el tiempo
se viste de desleal.

Voz amarga en el callejón de rosas
ennegrecidas por palabras espinadas
que hieren a todo el que desfila
en esta hondonada.

Voz amarga recibe quien ha perdido
un niño o un ser querido,
por culpa de un demente
a quien la avaricia le vendió un rifle,
para engordar la bolsa de la indolencia.

Un hijo

Si tuviera un hijo, le pintaría mi retrato,
le limpiaría el camino, para evitarle un mal rato.
Le daría muchas rosas y escondería
las espinas, me las clavaría yo,
así él podría disfrutar su vida.

Si tuviera un hijo, conversaríamos
día y noche. Lo bañaría de mis aromas,
para que resista los vituperios y reproches.
Le enseñaría a reír con la yema de los dedos,
así podría convertir lo agrio en bueno.

Si tuviera un hijo, sería mi inspiración,
lo convertiría en poesía, me sumergiría
en sus metáforas y buscaría sus sueños,
para convertirlos en puertos y grandes vías.

Persigue tu objetivo

Persigue el objetivo,
aunque la luna te huya y el sol no brille;
no importa si la rosa solamente tenga espinas,
recupera la sonrisa dentro del triste camino.

Persigue el objetivo, no importa si el miedo
te bañe y se desborden los ríos,
aunque se apague la luz y te envuelva de olvido.
Recuerda que hay un ser que te acompaña
en el camino.

Persigue el objetivo, esparciendo lino,
aunque los árboles lloren, por el crudo frío.
ponte la chamarra y los zapatos finos.
Si se te destiñe el cuerpo, colorea tu espíritu.

Te vi

Hoy te vi en un niño
que buscaba pan en un basurero,
en una niña embarazada con mucha
pena que estaba en la esquina de la condena.

Hoy te vi en un anciano abandonado
por los pétalos que él cuidó con denuedo,
para darles un verde porvenir, y ahora
los pétalos se avergüenzan, no lo visitan.

Hoy te vi en una señora sucia y andrajosa
que lloraba en la acera, porque el banco
la dejó sin sombra, no tuvo
compasión de sus retoños, menos de ella.

Hoy te vi en un adolescente que deambulaba
en la calle porque sus padres desaparecieron.
Él quedó huérfano y con sus cinco hermanos
a cuestas.

Hoy te vi en una señora que llaman
la loca del pueblo, pero es ella quien corre
a ayudar a una mujer que va con sus hijos enfermos.
Allí entendí que a veces los locos están más cuerdos.

Amiga

Eres una estrella que brilla
en este mar de oscuridad.
Eres la metáfora con pies y manos
que siempre está dispuesta a fortalecer
lazos de hermandad.

Eres el sol que calienta el corazón
del pródigo y extiende la mano
al desalentado, ya sea que esté
cerca o retirado.

Eres la rosa que se deshoja
para abrigar al necesitado.
Eres la luna que se esconde
entre las nubes para que luzca
mejor un marciano.

Eres la savia que pinta la planta.
Eres la amiga que le pone
alas al amor y lo hace permanecer
vivificante.

Eres la esperanza de los corazones
atribulados y la amiga que medio
mundo sueña tener por compañía.
Ahora yo me siento afortunada
de contarte entre mis ramas.

Me amé

Entendí que no soy perfecta
y que las ramas torcidas
son parte de nuestra presencia,
que ellas sirven para enderezar
otras afrentas.
Allí me amé.

Comprendí que nadie es tan fuerte
para doblegar mis pensamientos,
Planté un árbol, lo nombré Respeto.
Allí me amé.

Dejé de culparme por otras plantas,
me di cuenta de que cada uno construye
su propio sendero en este bosque.
Allí me amé.

Le perdí el temor al tiempo
ahora disfruto las flores sabiendo
que algunas tienen espinas.
Allí me amé.

Me vestí de un abrigo forrado
de humildad y entendí
que los baches son parte de este transitar.
Allí me amé.

Cuando detuve los dardos de fuego
que me iban a quemar,
pues el viento soplaba por doquier
sin que yo pudiera hacer algo.
Allí me amé.

Tu voz

Voz misteriosa, que se convierte
en dulce canto a mi oído
y endulza mi amargo camino.
Voz que me lleva por el desierto,
sin dejarme morir, hasta el preciso
momento.

Voz con estruendo, que levantas
mi debilitado cuerpo y animas mi alma
sin dejarla marchitar, subes
las ramas secas y las haces brillar,
cuando todo está sin vida,
cuando la señora Esperanza se aparta
del camino.

Voz que desinflamas el edema cerebral,
cuando los médicos me desconectan,
pensando que sería el final.
Voz que me levantas de la cama y me pones a caminar.
«UN MILAGRO», gritan los médicos,
las enfermeras, todo el personal.

Voz dulce y apacible que haces
a los cojos andar, a los mudos hablar
y levantas de entre los muertos a muchos,
para darles una mejor vida en el más allá.

Versos

Así como el fuego pule el oro,
el escritor pule los versos
con el alma y el corazón.
Cuando estos dan a luz,
hacen suspirar a mares,
lagos y ríos.

En ocasiones los versos
derriban montañas de oscuridad
inundándolas de luz, paz
y serenidad.

Los versos hacen llorar
A los corazones empáticos,
ya que se tiñen del dolor,
desesperanza e ingratitud
que sufren sus semejantes.

Los versos te ayudan
a desenredar las raíces
de amargura y te envuelven
en un manjar de paz, alegría
y bienestar.

Los versos cambian los colores
de los mapas y te dan visa
para viajar, echando abajo
las fronteras de todos los países.
Te sugiero que lo intentes,
te va a fascinar.

Los versos cambian
los colores partidistas,
disfrutando el bien mancomunado.
Desconocen los matices cambiantes
de los equipos, pero celebran el deporte.

Gracias por mis ojos

Gracias Señor, por mis ojos.
¿Qué haría yo sin estos faros?
Ellos son mi luz en la densa oscuridad.
¿Cómo pudiera apreciar la ciudadela de los libros?
Estaría vacía de conocimiento.
¿Qué haría sin poder apreciar los bosques de murales?
¿Qué sería de mí sin poder apreciar los árboles caminantes?
Sí, esos que a veces van bien vestidos y arrogantes,
y en otras ocasiones andrajosos, pero elegantes.
No puedo imaginarme un mundo a oscuras,
sin poder observar las maravillas de este mundo
rodante, esta ha sido tu mejor obra de arte.
Gracias por haberlo creado y gracias por haberme
dado dos faros para apreciarlo.

Ponle flores al viaje

La vida es un largo viaje,
te invito a sembrar flores en el camino
para que puedas disfrutar sus aromas
y se te impregnen,
para soportar lo pútrido del carruaje,
que a veces no le encontramos sentido.
También puedes vestir sus bellos colores,
así cuando el sol te derrita algunos, igual sobrevivirás.
Disfruta libremente de este viaje,
nada en el mar de la prosperidad,
sumérgete en el río de la alegría,
báñate en el lago de la bondad
y deja que el Creador
te cobije con su amor.

Los cuatro troyanos

De los cuatro troyanos que van a caballo,
el del caballo blanco está muy flaco de tanto jinetear,
incluso le salieron callos.
El pobre quería ganar
y no se percató que su caballo
no da para más.

De los cuatro troyanos,
el del caballo bermejo está mal
le ha salido espuma de tanto llorar.
Creía que el viaje era fácil
y no lleva consigo la alforja, por lo tanto
se le quedó la alegría para soportar el camino.

De los cuatro troyanos,
el del caballo negro
sí que está triste.
Se le murió su hija
y va cargando en su alforja
un millón de cicatrices.

De los cuatro troyanos,
el del caballo café está mejor.
Él lleva una maleta llena de amor.

Para la rutina,
una píldora de paciencia.
Para su larga travesía,
lleva una canasta de pan para el hambre
y un tecomate lleno de agua,
para el desértico y extenuante calor.

Cinco sentidos

Gracias por darme dos bellos luceros,
los que me ayudan a ver el camino
y a diferenciar las flores de las espinas,
también me ayudan a apreciar
una colorida creación que pinta mi vida.

Gracias por poner una rama sobresaliente
en mi rostro, con la que puedo olfatear
los aromas del campo y la ciudad
y en medio de los dos puedo anidar.

Gracias por ponerme una perla en la boca,
con ella puedo saborear
la dulzura y lo amargo del camino,
a veces me encuentro unas frutas tan ricas
y de colores variados, pero a veces
encuentro unas amargas y ácidas.
De todas formas, gracias, porque puedo saborear.

Gracias por fabricarme dos auriculares,
así puedo ir por el mundo escuchando
el cantar de los pájaros en diferentes idiomas.
Y aun sin conocerlos me deleito
porque la música tiene un idioma universal.
Gracias por haberme dado ese gran regalo.
Gracias por cubrirme con una cobija tan especial.
La hiciste de un material tan formidable,
que a través de ella puedo percibir
tanto el cálido abrazo, como el frío del invierno.
Gracias, mi buen Pastor,
por hacerme un poco menor que los ángeles.

Luna

Huye luna, no quiero que te oculten las nubes,
pues eres quien me alumbra y acompaña
en esas noches de incertidumbre.
Continúa allí,
quiero contemplarte
Y que nunca me reemplaces.

Huye luna, no permitas que alguien quite tu blancura,
pues algunos vienen con cobijas oscuras,
queriendo opacarte.
No lo permitas,
mantente con buen semblante.

Huye luna, no permitas que entorpezcan
tus lindas y resplandecientes miradas
los que no te quieren,
es porque no soportan tu blanco brillar
y por ende están enojados,
no te dejes amedrentar.

Huye luna, te quieren atrapar y no pienses
que es para convivir o admirarte,
es porque no soportan tu bello color
y quieren poner sangre en tus rayos,
sus objetivos son escalofriantes.
Huye luna, que te quieren ocultar,
y llevarte por senderos del desprecio,
la ira y el furor. No permitas te dobleguen
y ahúmen tu vigor.

Verde

Verde que te quiero verde,
porque eres mi esperanza
tu verdor es mi savia,
aquella que me colorea
y me calma.

Verde que te quiero verde,
Porque eres salud,
no quiero enfermar,
ni convertirme en color otoñal.

Verde que te quiero verde,
pues es tu bosque el que me mantiene hidratada
y alegre en tu bello pastizal.

Verde que te quiero verde,
pues eres el color que mi blusa necesita,
para mantener la energía
a la espera de un nuevo matinal.

El sol

Vela el sol esperando
que la luna se vaya,
para entrar a calentarte el día
y bendecirte cada mañana.

Vela el sol esperando
para cubrirte de blancura.
Déjate bañar por él,
te pinta de vitamina pura.

Vela el sol esperando
que los niños salgan a jugar
para bañarles de sudor.
De esa forma les desintoxica.

Huracán

Un huracán derrumbó mi casa
de ilusiones, también un árbol
de virtudes fue desarraigado,
y la calle del triunfo fue agrietada

Un huracán hizo corto circuito
en la caja de la vida
y me dejó negra de oscuridad
también me mojó los libros
de los sueños.

Un huracán soterró a varias amigas
escritoras y les rompió sus pensamientos.
¿Ahora qué haremos para que nos terminen
de leer el cuento?

El candil de mi abuelita

Recuerdo mucho a mi abuelita
Cuando en Semana Santa la visitaba.
Siempre mantenía encendido
el candil.

Les cuento de qué lo había fabricado:
El recipiente era redondo, coloreado
de amor, el aceite que le ponía era una
mezcla de alegría con vigor y la mecha
se encendía con la fe y el sudor.
Ella lo mantenía encendido día y noche,
con él nos demostraba cuánto nos amaba
y nos dirigía por buen camino.
Muchas gracias por habérmelo heredado,
abuela Isaura. Te prometo mantener
encendida la mecha, para recordarte
con la llama.

La plancha

Mi padre me regaló una plancha
que tenía manilleta de esperanza
el contenedor era un libro y las brasas
rebosaban de sabiduría.
Todo mundo la miraba y les causaba admiración,
la usaba en casa, pero también la prestaba a la nación,
cuando la electricidad fallaba,
era ella la que nos desarrugaba.

Debido a esto, el día que partió papá
lo esperaba todo el pueblo
para celebrar su buen corazón,
pues él compartía todo
y lo pintaba de sonrisas e ilusión.

Lo que nunca imaginamos
es que unos monjes de blanco
lo llevarían en ambulancia
directo al cementerio y no nos permitirían velarlo.
Y los lugareños se quedaron
con las lágrimas en las manos,
pues querían celebrar la vida
y llorar su partida.

Todos nos hablan de la plancha,
eso nos alegra y pinta el corazón.
Un día se reunió el pueblo,
todos tenían una plancha.
Les pregunte: «¿De dónde sacaron
esas planchas?». Todos al unísono
contestaron: «Nos las regaló
Jesús Rivera».
Mi réplica fue:
«No puede ser cierto,
porque yo tengo la verdadera».
Ellos dijeron: «Lo que no te diste cuenta
es que cada vez que nos la prestaba
nosotros la clonábamos.
De no haber sido así,
nos hubiésemos quedado arrugados».

Lo siento, soneto

Me gusta verte como anillo en dedo ajeno.
Yo te huyo porque no me gusta la esclavitud.
Eso de dibujarte catorce ramas,
once hojas en cada una, que te divida en dos cuartetos
el hemisferio y en dos tercetos las avenidas,
que los hemisferios bailen al ritmo, el primero
con el cuarto y el segundo con el tercero.
Me parece mucha opresión, tan solo con pensarte
me da artritis en los dedos de tanto conteo.
No, a mí me gusta la libertad, soy como una paloma
que vuela sobre árboles de diversas especies,
aunque a veces me gusta rimar libremente.
Sí, también me gusta nadar en ríos,
lagos, océanos sin que nadie me cuente los metros.
En otras palabras, no me gustan las restricciones
en los emblemas. Bueno, probablemente un día,
cuando la prisa se haya ido de vacaciones
y los años hayan sentado cabeza, lo haré,
pero por ahora seguiré admirando y disfrutando
la natación libre.

Maestra

Maestra, a ti, que se te confirió llevar el pan
del saber a los hambrientos de la nación,
quiero dedicar unos versos.
A ti, maestra, que te ha tocado pintar
a los estudiantes de tu color y sudor,
te quiero agradecer por la paciencia
que debes germinar.

A ti, maestra, que con denuedo enseñas
y trabajas la hora extra sin cobrar,
tu recompensa son los aplausos
en forma de gotas del conocimiento
que los estudiantes te muestran después de cada clase.
Aunque sé que a veces te frustras
porque no hay retribución.

A ti, maestra, que debes cruzar ríos
donde no hay puentes,
avanza erguida y haz patria en esos pensamientos.
Colorea esos deseos y anhelos,
para que un día esos niños y jóvenes
tomen su propio vuelo.

A ti, maestra, que te toca dar clases
debajo de un árbol, en la calle o en la vereda,
sacrifícate, porque esas aves cuando
crezcan serán tu recompensa.

A ti, maestra, que te toca dar clases
sin tiza ni pizarrón, busca la manera,
hazlo en madera o cartón, y en vez
de tiza usa un tizón, pues al final del día
lo importante es lo que llevan en la mente
y el corazón

A ti, maestra, que te hiere saber
que alguien que no estudió gana un millón,
y tú, con tanto sacrificio, te pagan un…
No te preocupes, este mundo está tergiversado
tu ganancia será saber que tus pájaros
serán médicos, maestros o abogados.

A ti, maestra, que estás trabajando con gran tesón,
quiero decirte que estás construyendo grandes puentes
y carreteras y dentro de poco las verás brillar
y probablemente vas a hacer uso de ellas.

A ti, maestra, te cuento que estás sembrando
un semillero, que al rato esos frutos serán
de diversos aromas y colores. Algunos de ellos
vendrán con flores y tú podrás olerlas.
Entonces dirás: «Valió la pena».

Mi rosa

Se fue desvaneciendo en dieciséis
pétalos de tristeza su vida, y lo hizo
para ayudarme a desarraigar mis entrañas
de la de ella. Ella sufrió, para hacerme la pena
más pequeña. Y aun así no me acostumbro
a este vacío. Me enseñó muchas cosas,
pero no me enseñó a vivir sin ella.
Me dio ternura sin mencionar la palabra.
Yo quiero pensar que a la hora de su partida
el Señor le tendió una alfombra azul del tamaño
del cielo y la tomó de la mano para hacerla entrar,
le colocó una corona y le dijo:
«Ahora vivirás como lo que eres, una Reina».

Omnipresente

Te veo en el sol, desde el oriente
hasta el poniente dando vueltas.
Te veo bajar y subir al cielo
sin escaleras.
Te veo en el verdor del bosque,
con ese color me envuelves
de esperanza y me alegras la vida.

Te veo en esa brillante luna,
quitándole protagonismo
a la densa noche y también
velando mis sueños.
Te veo en el despuntar del alba
y en el ocaso adornando mi cama.

Te veo en un niño que busca
pan en el basurero y en una niña
muy inteligente dentro de un aula.
Te veo tanto en la negra alegría
como en el blanco invierno.

Te veo tanto en un andrajoso transeúnte
como en un millonario en un avión montado.
Te veo en una señora que llora
Y pide para sustentar a sus crías.
También te veo en la oficina
de la abogada y la médico.

Te veo entrenando a un joven,
también guiando a un viejo.
Te veo en la fiesta de Sarita
y en la casa, dándole consuelo
a don Clemente. Te veo en cielo,
mar y tierra. Gracias por estar…

El velo

Alcé la mirada al oriente
y vi bajando al señor Socorro.
Él traía consigo una canasta
rebosando de consuelo.
Cuando se me acercó, no lo pude
distinguir, yo tenía un negro velo.
Él me gritaba: «Quita el velo».
Yo le escuchaba muy leve,
no podía distinguir su mandato.
Así pase muy buen tiempo,
cuando por fin pude quitármelo.
El viento había pasado y Socorro
andaba en otros mares.
Esperé, y en la segunda vuelta
encontré su rastro, pero ya no me devolvió
totalmente el color. Alguien me preguntó:
«¿Cambiaste de vestido?». «No», le refuté,
«es que ese día hizo mucho calor».

A mi hija

Serás mi amada, si no recibes consejos de los indignos,
ni andas en camino espinoso.
Te ruego no te sientes en banca con los burladores,
mejor deléitate y medita en la ley de Jehová,
día y noche.
Si obedeces, te colmaré de frutos
que no has saboreado, ni saborearás jamás
te daré a beber agua, que saciará tu sed
por la eternidad.
Te pondré pies de bondad y un corazón de amistad.
Te pondré manos de amor,
para acompañar a la humanidad.
Serás como árbol frondoso
y tus hojas nunca se marchitarán
y serás vista y alabada por la eternidad.

Salvador

Solamente me tomó mirar al cielo
para ver descender al Señor.
Él me susurró al oído: «No temas a la tempestad,
yo soy tu consuelo y tu felicidad».
Me tomó en sus brazos y me embriagó con su amor.
Me dijo: «Cuando estés angustiada,
recuerda, yo soy tu Salvador.
No dejaré que tu pie tropiece y si cayeres
te recogeré y te pondré vestido nuevo.
Duerme tranquila, que yo velo tu sueño.
Yo seré tu sandalia,
si se calienta mucho el suelo.
Seré tu sol para tu frío cuerpo
y tu invierno cuando todo haya terminado,
también guiaré tu alma hasta el Cielo».

Pidiendo clemencia

No me reprendas en tu enojo,
de ser así, quedaré convertida en abrojo.
Sé que merezco la muerte,
te conozco que eres clemente.
Quiero ser de tu misericordia bañada
y de la tribulación apartada.
¡Ven a mí, te lo suplico!
Ven, antes que mis huesos se sequen.
Me siento de ti olvidada. ¡Ven, ven…!
¡Antes de que la carpanta se acerque!

¡No lo hagas!

En una noche de invierno, mi madre lloraba
bajo la lluvia, para no ser descubierta
por la condena, quería hacer catarsis
sin que nadie lo supiera.
Al principio yo escuchaba cuánto mi padre la amaba.
De repente no volvió a visitarla.
Un día que hablaba con la vecina le escuché decir que estaba
arrepentida y le dijo que probablemente se tomaría una píldora.
Al oír esto, se turbó mi corazón y le canté una canción.
¡Mami, por favor no lo hagas!
Te prometo que por ti trabajaré un montón
y te regalaré una casa muy grande.
Mi madre no me escuchó,
sus oídos estaban tapados por la tribulación.
Ella a una clínica se dirigió y yo al Cielo llegué.
Ahora desde acá le suplico que se arrepienta
y le pida perdón a Dios, para volver
a estar juntas las dos.

Confianza

Sé que me cuidas y me das sustento,
me llevas de viaje a lugares excéntricos.
Me das descanso en pastizales verdes,
me rodeas de ríos, cuando estoy sedienta.
Sé que me tiendes la mano cuando tropiezo.
Me das confianza al ir por el callejón bermejo.
Me cubres con un manto para los malos vientos,
me sirves el banquete enfrente del indolente.
Me das un diploma para el final momento.

Rey con gloria

Tú fundaste la Tierra sobre los océanos,
te dedicaste a gobernar desde tu aposento.
Eliges a los que suben a tu santo reino,
esa decisión la tomas por obediencia
a los que el corazón le has cubierto
de blanca nieve, al de alma vivaz
y al honesto, al que ama al prójimo
como a sí mismo, principalmente
al que obedece tus preceptos.

Soledad

Estando acostada sobre la noche
me cobija un viento gris,
sí, gris de ausencia.
No puedo levantarme,
me quedo con su presencia,
hasta sentir que desvanezco
y aparecen unas vecinas,
una de nombre Misericordia
y trae a su prima Felicidad,
gracias a ellas hoy vuelvo a cantar…

Muere la muerte

Para muchos es alegría
saber que no morirán, para otros una pesadilla
es ser eterno en esta tierra de afán.
¡Quién nos salva del dolor!
¡Quién nos salva de la pena de la vejez!
¡Dónde reposarán las arrugas y el desdén!
¡Dónde se incrustarán las espinas de la vida!
¡Quién velará por nosotros,
quién nos dará de comer!
No me puedo imaginar
cuando escaseen los alimentos,
nos comeremos unos a otros sin poder morir.
Será en vano aventarnos al abismo
¡Quién nos lo iba a decir!
Clamaremos que la muerte nos envuelva
y que nos deje ir a la otra vida
para dejar de sufrir.

Viajera

La viajera es una metáfora que inventó papá.
Así no se le hacía tan fuerte
tener que viajar por callejón oscuro.
Muy oronda deambula la viajera
buscando a quién llevarse.
Lo que les voy a decir es que es la más
equitativa en esta esfera.
Ella no discrimina a nadie.
Se lleva a niños, mujeres, jóvenes
y ancianos. Para ella no hay raza ni religión,
deportistas o haraganes.
Otra característica que tiene es la de ser puntual,
lo malo o lo bueno es que no sabemos
su horario; por ende, debemos prepararnos
para ir a gozar por la eternidad

Pobreza

Es una burra muy fina
que pasea por doquier,
tiene piojillo maloliente
y olfato de sabueso.
Por más que me esconda,
me encuentra.
«Formemos barricada»,
me dijo la estrategia.
«Juntemos nuestros esfuerzos
Y le enseñamos a leer.
Así se queda en clase
y nosotros nos vamos a comer».

Viveza

Nuestra vida se escurre
entre el amanecer y el ocaso.
En cualquier momento
nos encontramos
en las agallas de la tierra.
Cultivemos la promesa de ir
al más allá, pues este cuerpo
salió de la tierra y en cualquier
momento a ella regresará.
«Para morir lo único que necesitamos
es estar vivos», decía mi papá.
¡Cuánta razón tenía mi viejo!
Ahora él está gozando de la morada
celestial.

El Salvador

El Salvador es un país de territorio pequeño,
pero grande de corazón.
Desde el cafetal al océano,
desde la campiña a la ciudad,
desde los bosques a los prados,
desde los cerros a los volcanes,
desde el oriente al occidente,
encuentras coloreada la felicidad.
Tenemos tres departamentos
que no vislumbras en ningún otro lugar
La Unión de tres países de la América Central.
Le llaman el Fonseca, es de una belleza descomunal.
La Paz al infinito solamente allí puedes contemplar.
La Libertad es un departamento que todo mundo
desea abrazar.
Si te sientas en la cima del Chaparrastíque
a divisar montes, valles, mares y ciudades,
te sorprenderás de las maravillas
que desde abajo no puedes apreciar.

Bombero

Eres Bombero de bomberos pues apagas
los dardos de fuego del enemigo
con la manguera de la paz.
Esparces harina de bendición, sobre el fuego
de la necesidad, riegas con agua,
la que deshace la hoguera
y nos dices que quien la toma
no volverá a tener sed jamás.
Equipas a tus bomberos con un traje especial.
Los vistes con casco de conocimiento,
con camisa de templanza, con pantalones
de seguridad y con botas de sagacidad.

Barca literaria

Vi una barca pintada de muchos colores.
En un piso iba la señora novela,
extendía una varita larga
pues se creía la vela mayor.
En otro piso iba un señor elegante
contando largos cuentos
y se sentó en la popa,
buscando el mejor aposento.
En un piso especial, llamado proa,
se sentó la señorita poesía
divisando todo el mar.
Al poco rato, muy altisonante,
nadaba sin pudor.
Atravesando ríos y mares,
hasta un lago recorrió.
Quedó tan rebosante
que en reina se convirtió.

La alfombra

Me dieron dos alfombras.
Una verde en el génesis
impregnada de vigor,
cubierta de esperanza,
revestida de valor.
Me dijeron: «Es muy grande
y tú la debes delinear
y, si gustas, de otros colores
la puedes matizar.
Al final del día ella te envuelve
en todo tu transitar».
Me dieron otra alfombra, morada,
para mi vida celestial.
Si quieres seguir mi ejemplo para triunfar,
usa bien la primera,
de lo contrario
se te convertirá en oscuridad.

A Pablo Neruda

A Pablo Neruda yo admiro
por su libertad al escribir,
rompió con muchos esquemas
y le dio a la poesía un mejor porvenir.

Algunos le criticaron, como suele
suceder, pero él no les escuchó.
Hoy tenemos muchos lagos
libres transitados por él.

La simpleza fue su musa mayor.
Le escribió a un calcetín, a un tomate,
a la uva y a la cuchara también.
Bien haremos en imitarle.
Lo cotidiano y lo simple
todos lo pueden entender.

Exiliados

Todos estamos exiliados en la Tierra.
Todos fuimos expulsados del huerto
(que es el vientre de nuestra madre);
por ende, llegamos al mundo llorando.

La dulzura volvió a nosotros
cuando la misma madre nos envolvió
con su amor y bello canto.

No nos bastó ese exilio y continuamos
recorriendo el mundo.
En un pispilear
estamos en otro lugar,
algunos por decisión propia,
otros por desigualdad.

Esta tierra la hizo un Ser Supremo
pero hay muchos que creen ser su dueño.
Expulsan y atropellan
al que consideran extranjero.

Se necesita humanismo y divinidad
para compartir esta herencia,
sino terminaremos sin aliento de vida.

Mi país

¡Oh, país! A ti te cantan Alvaro Torres
y los hermanos Flores…
A ti te escriben muchos poetas,
que te hacen ver bien.
Quisiera pensar que la historia ha cambiado,
pero lo veo en el oriente lejano.

Todos buscan lo suyo propio
y llenar del ego el bolsón.
Se te ha herido con balas y cañones,
se te ha roto el corazón.
Se han burlado en tu cara
y siguen cantando el mismo son.

Todos profanan tu bonito nombre
y tus colores andan opacos hoy.
Quiero verte reverdecer y que camines
con la frente en alto, como debe ser.

¿Hasta cuándo esperaremos
que alguien se siente
en tu silla y salga con las manos
blancas y la alforja vacía?

Si mueres vives

Parece una ironía sin rima
decir: si mueres vives,
pero es una realidad
que Jesús ha pintado.

Viviendo sin vivir
es vivir sin Él,
muriendo tomas vida
si te entregas a Él.

Sin fe la vida es inactiva,
con fe le das vida a la vida.

Sin Dios todo es sufrimiento
aunque tengas muchos bienes,
pues el afán por ellos te provoca
mal aliento.

Gritar en silencio

Grito en silencio y a ciegas miro,
¡qué ironía! pues al decir lo que pienso
voy al cementerio.

Llenan mi terruño de timidez y coartadas
¿hasta dónde llegaremos con tanta…?
Lo malo no es que tengan mansiones
sino la apatía en sus puertas pintadas.

Soñemos como buenos ciudadanos
eso no se nos puede condenar.
Llora la libertad por la pena de ver
a su gente deambular.

Buscan trabajo y buscan pan
no encuentran nada.
Hay riquezas, pero no hay equidad
y no se trata de igualdad
pues los que estudian y trabajan merecen
vivir mejor, pero hablo de la empatía
que debemos mostrar.

Madre ausente

Tu ausencia ha surcado mi alma de recuerdos,
ha pintado un camino en el viento estático.
Ha dibujado tu rostro en las nubes,
ha marcado huellas profundas
desde la Tierra hasta el Cielo.
Lo que estoy buscando es la felicidad.
Creo que se fue contigo.

www.ingramcontent.com/pod-product-compliance
Lightning Source LLC
LaVergne TN
LVHW011351080426
835511LV00005B/236